L A   G R A N D E   I M A G E R I E

W0413059

LES FLEUVES

Conception
Jacques Beaumont

Textes
Cathy Franco

Mise en page et illustrations
Jacques Dayan

FLEURUS

FLEURUS ÉDITIONS, 15-27, rue Moussorgski, 75018 PARIS
www.fleuruseditions.com

QU'EST-CE QU'UN FLEUVE ?

Les fleuves sont en général des cours d'eau importants, alimentés par les ruisseaux, les torrents, les rivières. Par définition, un fleuve finit toujours sa course dans la mer ou dans l'océan. Mais il arrive que certains aboutissent dans le désert, comme l'Okavango en Afrique, ou se perdent dans un lac ou un gouffre. Une rivière, elle, se jette dans une autre rivière ou dans un fleuve. De la source à l'océan, les fleuves parcourent un long voyage et façonnent les paysages.

L'Amazone

De la source à l'océan

Un fleuve naît souvent en altitude, sur les pentes montagneuses. L'eau, issue de la fonte des glaciers, des neiges ou d'une source qui a jailli du sol, s'écoule et forme des ruisseaux. Si le terrain est très en pente, le ruisseau se transforme en un torrent puissant. C'est le cours supérieur. Puis la pente s'adoucit et devient plus sage. Ruisseaux et torrents donnent naissance à des rivières. C'est le cours moyen. Les rivières se réunissent et forment un large fleuve qui descend lentement jusqu'à la mer. C'est le cours inférieur. Le fleuve se jette dans la mer au niveau de son embouchure, sa partie terminale, formant un delta ou un estuaire.

La Camargue, dans le delta du Rhône, en France

Deltas et estuaires

En arrivant vers la mer, le fleuve ralentit sa course. Il dépose les sédiments (boue, sable, graviers) qu'il charriait et multiplie ses bras pour pouvoir se frayer un chemin jusqu'à la mer, dessinant un delta en forme de triangle. Les deltas sont des habitats uniques entre étangs et marais, où la vie s'est épanouie grâce aux apports nutritifs du fleuve. Un estuaire (ci-dessous) forme un chenal évasé. Les sédiments déposés par le fleuve sont évacués par les marées.

Les plus grands fleuves du monde

L'Amazone, en Amérique du Sud, est le premier fleuve du monde par sa longueur (7 000 km), son débit (il transporte un volume d'eau 75 fois supérieur à celui du Nil !) et sa profondeur (jusqu'à 90 m !). Le Nil (6 700 km), en Égypte, apporte la vie au milieu du désert, qui couvre 96 % du territoire. De part et d'autre du fleuve s'étend une bande verte et fertile d'à peine 10 km de large ! Sur le Yangzi Jiang (5 980 km), en Chine, se trouve le plus grand barrage du monde, le barrage des Trois-Gorges (voir page 14).

Source de la Loire et mont Gerbier-de-Jonc

Les sources

Une partie de l'eau de pluie s'infiltre dans le sol et resurgit sous forme de source. La source de la Loire, en France, se trouve au pied du mont Gerbier-de-Jonc. Elle provient d'une nappe d'eau souterraine située sous le mont.

L'affluent *est un cours d'eau qui se jette dans un autre cours d'eau.* ***Le confluent*** *est le point où se rejoignent plusieurs cours d'eau.*

Les méandres

En plaine, le fleuve ralentit et perd de sa vigueur. Il épouse les irrégularités du terrain, dessinant des boucles : les méandres.

Gorges et canyons

Ce sont des vallées encaissées aux parois abruptes, creusées dans la roche par les fleuves et les rivières. Le Grand Canyon, aux États-Unis, a été façonné par le fleuve Colorado pendant des millions d'années. Long de 445 km, large de 30 km à certains endroits, il atteint une profondeur vertigineuse de 1 300 à 1 600 m.

DES FLEUVES TOUT-PUISSANTS

Les fleuves au long cours tranquille offrent parfois des visages surprenants : chutes d'eau vertigineuses, glaces qui emprisonnent leurs eaux à certaines périodes de l'année, ou encore mascarets, ces vagues géantes qui remontent le cours des fleuves à grande vitesse. Mais leurs manifestations les plus spectaculaires restent leurs crues, tantôt bienfaisantes, tantôt redoutables, à l'origine de catastrophes meurtrières.

Fleuves en crue

Lors d'une crue, le fleuve sort de son lit. Gonflé par des pluies abondantes, la fonte des neiges ou des glaciers, il déborde et inonde la plaine environnante, les terres agricoles, les habitations. En Chine, le fleuve Jaune connaît des inondations particulièrement catastrophiques.

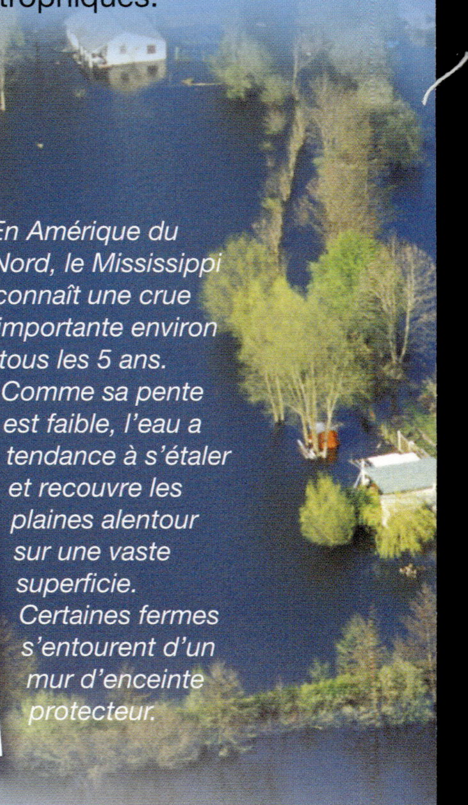

En Amérique du Nord, le Mississippi connaît une crue importante environ tous les 5 ans. Comme sa pente est faible, l'eau a tendance à s'étaler et recouvre les plaines alentour sur une vaste superficie. Certaines fermes s'entourent d'un mur d'enceinte protecteur.

Salto Angel, au Venezuela, est, avec ses 979 m de hauteur, la plus haute chute du monde.

Chutes de l'Iguaçu

Des chutes d'eau spectaculaires

En se jetant du haut de rochers élevés, les fleuves et les rivières forment d'incroyables chutes d'eau. En Amérique du Sud, le fleuve Iguaçu déploie un ensemble de 275 cascades dont la plus grande plonge à plus de 90 m de hauteur. Les chutes de l'Iguaçu déversent jusqu'à 6 millions de litres d'eau par seconde !

Sa plaine ne possède pas de reliefs pour contenir les eaux, qui s'étalent sur des dizaines de milliers de kilomètres carrés. En 1887, la crue du fleuve fit un million de morts. Partout dans le monde, les hommes construisent des digues et des barrages pour contenir les crues. Mais ces dernières ne sont pas qu'un fléau. Attendues par les agriculteurs, elles apportent à la terre le limon fertile.

En 1910, à la suite de pluies exceptionnelles, la Seine monte et inonde de nombreux quartiers de Paris. Sur les grands boulevards, les gens circulent en barque. Toutes les voies de communication sont coupées.

Les fleuves peuvent déborder à cause de pluies importantes et prolongées. L'urbanisation des zones inondables aggrave le phénomène, l'eau ne pouvant plus s'infiltrer dans le sol. Ci-dessous, les inondations de la vallée de la Somme (France) en 2001.

Les mascarets

Ils se produisent dans l'estuaire de certains fleuves lors des grandes marées. Le flux de la marée montante se heurte au courant contraire du fleuve. Le choc engendré génère une vague déferlante qui remonte le cours du fleuve. Les plus grands mascarets atteignent 8 m de hauteur !

Pris par les glaces

Dans les régions très froides, les fleuves sont pris par les glaces entre trois et huit mois par an. Des camions peuvent alors y circuler, comme sur le fleuve Amour, en Sibérie. Au Québec, un service de brise-glace ouvre des passages sur le Saint-Laurent (voir photo) pour permettre la navigation. Dans les régions tempérées, les fleuves peuvent aussi geler lors d'hivers particulièrement rudes.

AU SERVICE DES HOMMES

Les services rendus par les fleuves sont nombreux : sources de nourriture, voies de transport et de communication, ils assurent également les usages quotidiens en eau dans les secteurs de l'industrie et de l'agriculture. Les hommes les exploitent pour produire de l'électricité grâce à la construction de barrages. Ils approvisionnent aussi en eau potable les villes et les campagnes. Celle-ci est pompée dans le fleuve et subit un traitement avant d'arriver dans nos maisons pour pouvoir être bue.

Les fleuves, voies de communication

Les fleuves et les rivières ont été les premières voies de communication utilisées par les hommes. Voies naturelles de transport et de commerce, ils demeurent encore aujourd'hui, dans certaines régions du monde, le principal lien entre les populations riveraines.

Sur le fleuve Niger, en Afrique, les taxis-pirogues transportent les usagers d'un village ou d'une berge à l'autre.

Un port fluvial

Le port permet d'acheminer les marchandises jusqu'au cœur des villes sans encombrer les routes. Les bateaux y chargent et déchargent leur cargaison (sable, ciment, graviers, voitures...). D'énormes grues transbordent les conteneurs, des caissons métalliques de transport. Entrepôts, silos à grain, réservoirs pour le gaz bordent les quais.

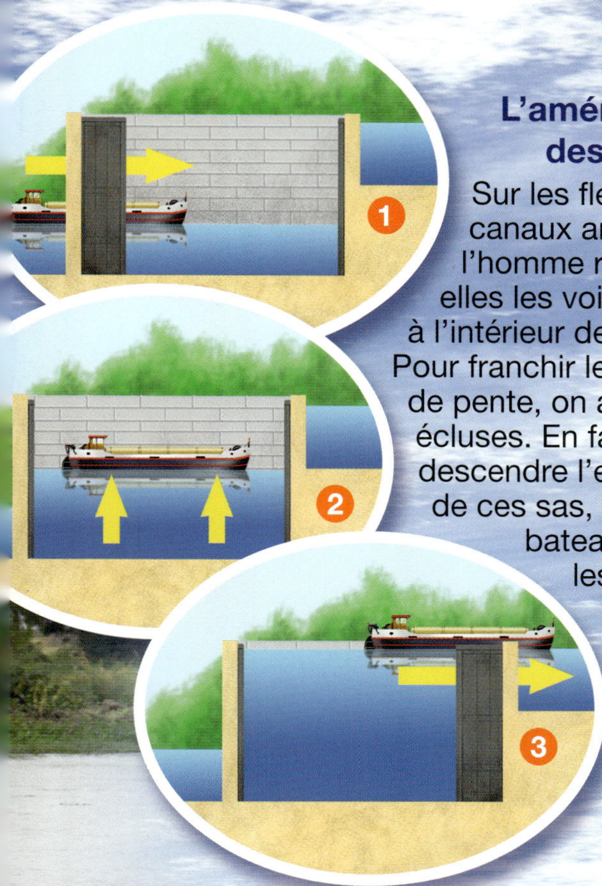

L'aménagement des fleuves

Sur les fleuves, des canaux aménagés par l'homme relient entre elles les voies navigables à l'intérieur des terres. Pour franchir les changements de pente, on a construit des écluses. En faisant monter ou descendre l'eau à l'intérieur de ces sas, on permet au bateau de franchir les différences de niveau (1, 2 et 3). Aujourd'hui, les ascenseurs à bateaux (à droite) remplacent de plus en plus les écluses.

L'ascenseur de Strépy-Thieu, en Belgique, permet aux bateaux de franchir rapidement une dénivellation de 73 m.

Le flottage : un moyen de transport

Autrefois, on transportait le bois en le laissant flotter au fil de l'eau. Au Québec, de véritables trains de bois sillonnaient les fleuves. Des hommes armés de perches guidaient leur trajectoire. Aujourd'hui, la technique du flottage est encore utilisée sur l'Amazone ou dans certaines régions d'Asie pour transporter le bambou.

Caravane de bambous sur le fleuve Irrawaddy, en Birmanie

De nombreuses péniches (des bateaux à fond plat) sillonnent les fleuves, mais aussi de véritables convois de barges, poussés par de petits bateaux très puissants.

Convoi de barges sur le Mississippi

En Égypte, le chadouf est utilisé depuis plus de 3 000 ans : l'eau des fleuves ou des puits est puisée dans un seau grâce à un système de balancier équipé d'un contrepoids et versée dans des rigoles d'irrigation.

L'irrigation

Les fleuves permettent d'irriguer les terres pour les cultiver. L'alimentation en eau se fait par des canaux de dérivation ou par des conduites enterrées. Des barrages retiennent l'eau des fleuves, qui peut ainsi être distribuée tout au long de l'année. Le dispositif d'irrigation ci-dessus est équipé de buses alignées sur une rampe qui projettent une pluie artificielle. Dans certains pays, l'irrigation est encore faite manuellement.

L'irrigation intensive fait parfois des dégâts dans l'environnement. Ainsi, les deux fleuves qui alimentaient la mer d'Aral, en Asie centrale, ont été détournés pour cultiver des champs de coton. Résultat : en 50 ans, la mer a perdu les trois quarts de son volume en eau et la moitié de sa superficie, ce qui aboutit à ce spectacle de désolation, avec des bateaux échoués sur le sable.

Le riz est une céréale qui a besoin de beaucoup d'eau pour pousser. Il est semé dans des terrains inondés : les rizières. En Asie, beaucoup de rizières sont situées près des fleuves et des rivières. L'eau y est acheminée par des canaux d'irrigation. De petites digues retiennent l'eau.

Fleuves et industrie

De nombreuses usines sont implantées au bord des fleuves. Ces derniers permettent bien sûr le transport des marchandises, mais ils apportent aussi l'eau nécessaire à la fabrication des produits, à leur refroidissement, ainsi qu'à celui des machines. De grandes régions industrielles se sont développées près des fleuves, comme la Ruhr, sur le Rhin, en Allemagne, la plus grande concentration industrielle d'Europe, ou le « couloir de la chimie », sur le Rhône, en France, qui concentre plusieurs établissements de chimie et de pétrochimie.

Les centrales nucléaires qui produisent de l'électricité ont besoin d'eau en quantité pour refroidir les circuits. C'est pourquoi elles sont souvent installées au bord des fleuves.

Pour pêcher dans les eaux poissonneuses de l'Amazone, les Indiens utilisent un arc et des flèches. Ici, des enfants visent depuis une pirogue.

La pêche

Dans certaines régions du monde, la pêche demeure vitale pour une partie de la population : le poisson fournit une grande part des protéines de l'alimentation. Dans les pays occidentaux, cette activité est devenue un loisir. La pêche se pratique de différentes façons selon les régions du globe.

Les barrages

Ces ouvrages retiennent l'eau des fleuves dans un lac artificiel, en amont (vers la source). Des vannes permettent au trop-plein d'être évacué de l'autre côté, en aval. Ainsi, on peut réguler le débit des fleuves et contenir leurs crues, mais aussi disposer d'une réserve d'eau pour l'irrigation. La force de l'eau libérée par les vannes est utilisée pour fabriquer de l'électricité. L'eau s'engouffre dans des conduites forcées et entraîne des turbines reliées à des générateurs électriques.

Temple d'Abou-Simbel

Des monuments sauvés des eaux

Pour construire le barrage d'Assouan (ci-dessus), en Égypte, dans les années 1960, on a dû déplacer des monuments vieux de plus de 30 siècles afin qu'ils ne soient pas submergés par les eaux du lac de retenue. Ainsi, les temples d'Abou-Simbel du pharaon Ramsès II ont été découpés en plus de 1 000 blocs, certains pesant près de 30 tonnes, puis remontés 65 m plus haut.

La « barrière de la Tamise » est un barrage spécial qui empêche la mer de remonter le fleuve lors des marées ou des tempêtes. Il protège la ville de Londres des inondations.

Le barrage des Trois-Gorges, en Chine, est le plus grand barrage du monde. Il atteint 140 m de haut et mesure 2,3 km de long. Il fournit autant d'électricité que 10 centrales nucléaires ! Cependant, pour le construire, des milliers d'hectares de terres ont été inondés, bouleversant les milieux naturels, et 1,2 million d'habitants ont dû être déplacés.

Ci-dessous, le barrage Hoover, sur le fleuve Colorado, haut de 220 m, soit autant qu'un immeuble de 70 étages !

Du fleuve au robinet

L'eau du robinet est puisée dans les nappes souterraines, mais aussi dans les fleuves et les rivières. Avant de pouvoir être bue, elle est filtrée et purifiée dans une usine de traitement. Une fois utilisées, les eaux usées rejoignent les égouts, qui les acheminent vers une station d'épuration où elles sont nettoyées, avant d'être rejetées dans le fleuve.

Dans la station d'épuration, l'eau pompée dans le fleuve passe à travers des grilles, puis des tamis qui retiennent les déchets (1). Elle arrive dans un bassin de décantation (2), au fond duquel les particules en suspension se déposent. L'eau passe ensuite à travers une couche de sable fin qui filtre les dernières matières visibles à l'œil nu (3). Un gaz, l'ozone, détruit les microbes (4). L'eau est ensuite désinfectée avec du chlore (5). Le château d'eau (6) est un immense réservoir d'eau. L'eau est envoyée à la demande jusqu'aux habitations à travers un réseau de canalisations.

LA VIE SUR LE FLEUVE

Dans certains pays, notamment en Afrique et en Asie, les fleuves et leurs berges sont des lieux très animés qui battent le rythme de la vie quotidienne. Les populations se sont adaptées aux crues en construisant des maisons sur pilotis ou qui flottent sur des radeaux de bois. Aux quatre coins du monde, les fleuves sont aussi le théâtre de nombreuses festivités et offrent aux riverains des activités de détente et de loisir.

Des lieux de vie et d'échange

Sur les bords du Niger, en Afrique, les femmes se retrouvent pour laver les vêtements, faire la vaisselle, prélever l'eau nécessaire à la consommation. Au loin, les hommes pêchent, tandis que les piroguiers transportent les gens et les marchandises d'une rive à l'autre. Dans d'autres régions du monde, en Asie notamment (Thaïlande, Viêt Nam, Indonésie), les marchés flottants, grouillants de vie et de couleurs, animent les canaux qui sillonnent les villes.

Marché flottant

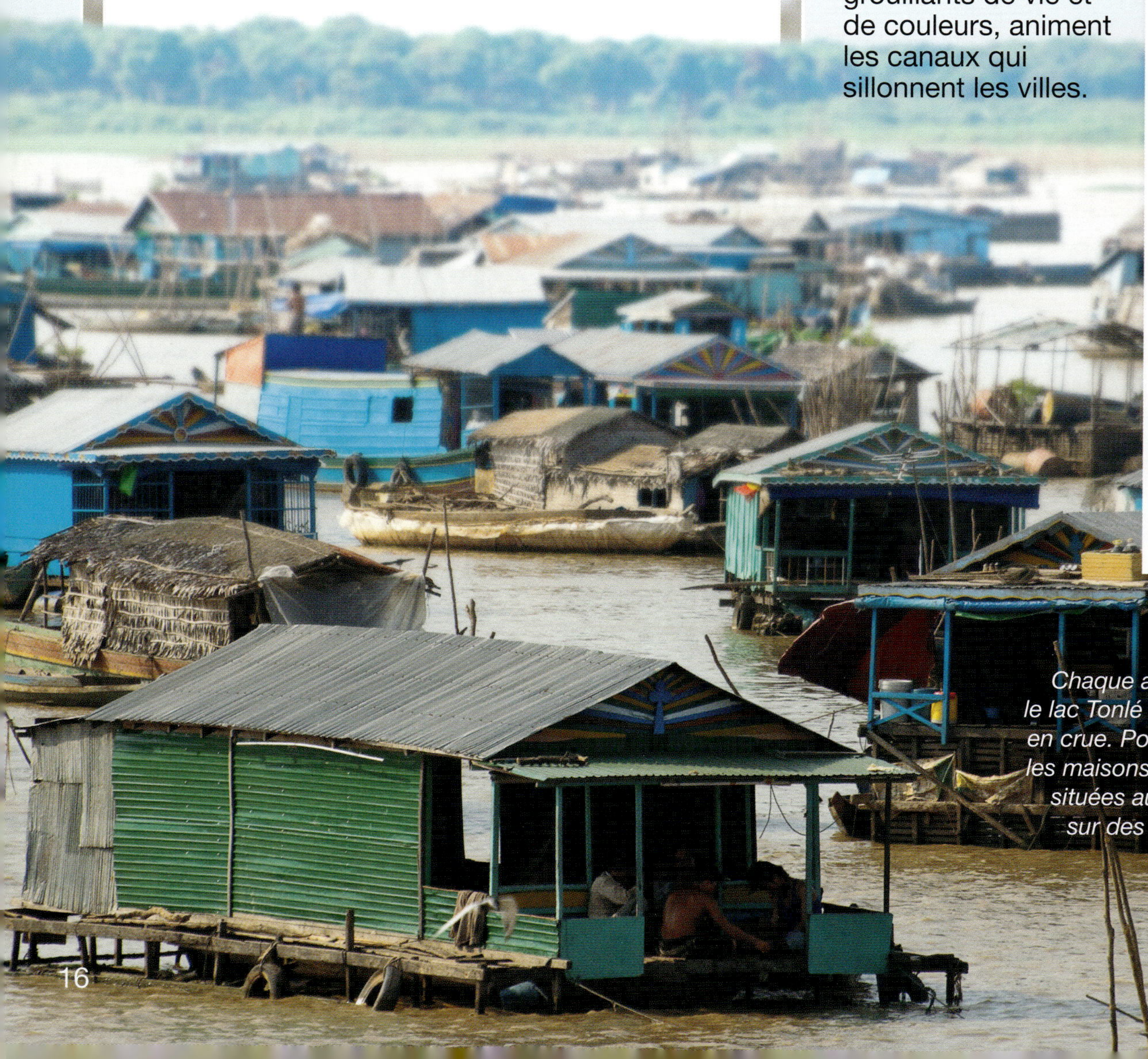

Chaque année, à la saison des pluies, le lac Tonlé Sap reçoit les eaux du Mékong en crue. Pour accueillir les eaux du fleuve, les maisons du village de Kompong Phluk, situées au bord du lac, sont perchées sur des pilotis de 6 à 8 m de haut !

Fleuves en fête

De nombreuses festivités sont organisées sur les fleuves. Selon les régions du monde, ils sont célébrés pour s'attirer leurs bienfaits ou pour les mettre à l'honneur. On y organise des joutes, des courses de bateaux... Les fleuves et leurs rives sont aussi une scène privilégiée pour de splendides feux d'artifice.

Course de pirogues au Cambodge, sur le Mékong, lors de la traditionnelle Fête des eaux, qui marque la fin des crues.

Loisirs et sports nautiques

Installées au bord des fleuves, les bases nautiques proposent diverses activités de loisir : canoë-kayak, aviron et même sorties en Jet-Ski pour allier tourisme et sensations. Le rafting se pratique sur des sections de fleuves ou de rivières comportant des rapides.

Le tourisme fluvial

Dans de nombreux pays d'Europe, les vacanciers peuvent louer de petites péniches habitables pour suivre les canaux et les fleuves. Sur la Seine, le Rhin ou la Tamise, les Bateaux-Mouches embarquent les touristes à la découverte des villes et de leur histoire. Des croisières sont également organisées sur les fleuves. Celles sur le Nil sont très réputées. Sur le Mississippi, on peut embarquer à bord d'un véritable steamboat, propulsé par des roues à aubes, et revivre, le temps d'un séjour, l'âge mythique des bateaux à vapeur (voir aussi p. 27).

Bateau-Mouche sur la Seine, à Paris

LA FAUNE

Les fleuves attirent une faune abondante et variée. Poissons, reptiles, mammifères se partagent leurs eaux troubles. D'innombrables oiseaux aquatiques y trouvent leur nourriture : hérons, oies sauvages, sternes, martins-pêcheurs...

Martin-pêcheur

Héron

Les oiseaux

Le **martin-pêcheur** vit au bord des cours d'eau d'Europe, où il se nourrit de petits poissons, de grenouilles et d'insectes aquatiques. Le **héron**, lui, se déplace lentement dans l'eau en quête de nourriture.

Esturgeon

Silure

Anguille

Brochet

Truite

Les poissons

Les migrateurs comme l'**esturgeon**, le **saumon** ou certaines espèces de **truites** vivent en mer et remontent le cours des fleuves pour pondre. L'**anguille**, elle, passe la plus grande partie de sa vie en eau douce, mais effectue un long voyage vers la mer pour se reproduire. Le **brochet** et le **silure**, eux, ne vivent que dans les fleuves.

Saumon

Le castor

Ce petit mammifère rongeur édifie sa hutte sur l'eau avec des branchages. L'ensemble est cimenté avec de la boue. L'entrée de la hutte se situe sous le niveau de l'eau. Un barrage de branches entremêlées est construit pour assurer au site une profondeur d'eau suffisante.

En été, la migration des saumons vers les torrents et les rivières du Canada et de l'Alaska attire les ours bruns, qui font provision de graisse et de protéines avant leur hibernation.

Anaconda étouffant un caïman

Dans les rivières et les fleuves d'Amérique du Sud vivent l'**anaconda**, un dangereux serpent, et le **piranha**, un redoutable carnivore.

Crocodile s'attaquant à un gnou

Le **crocodile** fréquente les marais et les fleuves des régions tropicales.

Le boto

Dans l'Amazone vit l'étrange boto, un dauphin rose. Son museau pointu est bien utile pour capturer les petits poissons !

Le lamantin

Ce gros mammifère paisible, qui fréquente l'embouchure de certains fleuves d'Afrique et d'Amérique, se nourrit de plantes aquatiques.

L'hippopotame

Le mot hippopotame vient du grec hippos (cheval) et potamos (fleuve) : cheval du fleuve. Ce gros herbivore d'Afrique passe effectivement le plus clair de son temps immergé dans l'eau, car il supporte mal la chaleur du soleil.

BERCEAUX DES CIVILISATIONS

Les grands fleuves comme le Nil en Égypte, l'Indus au Pakistan, le Huang He en Chine, le Tigre et l'Euphrate au Moyen-Orient sont à l'origine de prestigieuses civilisations. Grâce au limon, une boue fertile déposée par les crues, les fleuves ont permis le développement de l'agriculture et offert aux hommes les conditions favorables à leur sédentarisation. Voies de communication privilégiées, ils ont encouragé les échanges et le commerce.

Grâce à un ingénieux système d'irrigation, l'eau de l'Euphrate était conduite jusqu'au sommet des jardins de Babylone pour arroser la végétation luxuriante.

Dans l'histoire de l'humanité, la civilisation égyptienne est l'une de celles qui ont connu la plus grande longévité. Elle s'étale sur plus de 3 000 ans.

Le pharaon Ramsès II

« L'Égypte est un don du Nil »

C'est ce qu'affirmait l'historien grec Hérodote. Sans le Nil, en effet, l'Égypte ne serait qu'un immense désert. Les Égyptiens priaient les dieux pour que le fleuve leur apporte la crue annuelle et vitale. Ils surveillaient la montée de l'eau grâce à un nilomètre (ci-dessous), un escalier ou un puits aux parois graduées communiquant avec le fleuve. En se retirant, le Nil abandonnait sur les rives un limon noir qui enrichissait la terre et nourrissait les cultures. Ainsi, l'Égypte est devenue le « grenier à blé » de l'Antiquité. Ce fut l'une des plus remarquables civilisations du monde.

Le papyrus est une plante qui pousse sur les bords du Nil. Avec ses tiges, les Égyptiens fabriquaient une sorte de papier, support de leur écriture.

La Mésopotamie, le pays d'entre les fleuves

De brillantes civilisations se sont épanouies dans la vallée fertile située entre le Tigre et l'Euphrate, en Mésopotamie (Irak actuel), dont Sumer, il y a 7 000 ans, et Babylone, il y a 4 000 ans. Les Babyloniens ont construit les premières canalisations d'eau pour approvisionner leurs villes. C'est dans la prestigieuse cité de Babylone que fut construite la célèbre tour de Babel, qui devait par sa hauteur toucher le ciel. Babylone est connue pour ses jardins suspendus, l'une des Sept Merveilles du monde.

À Sumer ou Babylone, la proximité du Tigre et de l'Euphrate a favorisé l'accroissement de la production agricole et le commerce. Pour échanger plus facilement, les hommes ont dû créer un système d'écriture. À gauche, une tablette de comptes de bétail sumérienne.

Les Égyptiens ont acquis des connaissances techniques et artistiques remarquables. En témoignent les pyramides, gigantesques demeures des pharaons momifiés. Elles sont la seule des Sept Merveilles du monde qui ait survécu.

Le Nil était la principale voie de communication du pays.

La Chine ancienne

C'est sur les rives du tumultueux fleuve Jaune, le Huang He (ci-dessous), aux crues autant attendues que redoutées, que s'est bâtie la civilisation chinoise, il y a plus de 4 000 ans. La couleur du fleuve est due au lœss, la boue jaunâtre qu'il charrie et qui fertilise les terres alentour. On raconte que Yu le Grand (à droite), fondateur de la dynastie légendaire Xia, fut le premier à dompter le fleuve capricieux. Il fit creuser des canaux pour contenir ses crues et irriguer les terres. On doit à la civilisation chinoise de nombreuses inventions, comme l'imprimerie, la calligraphie, le cerf-volant, la boussole, la porcelaine, les allumettes...

Le fleuve Huang He, en Chine

FLEUVES SACRÉS

De tout temps, les grands fleuves ont exercé une fascination sur les hommes. Symboles de pureté, sources de vie mais aussi de destruction, ils ont inspiré un mélange de respect et de crainte et étaient souvent vénérés comme des dieux. De nombreux mythes et légendes expliquent à leur façon leur origine, leurs colères ou leurs pouvoirs. Aujourd'hui encore, certains grands fleuves sont considérés comme sacrés : on leur fait des offrandes pour s'attirer leurs bienfaits, on s'y baigne pour se purifier ou pour recevoir des sacrements.

Sequana, la déesse guérisseuse

Pour les Gallo-Romains, la source de la Seine était la demeure de la déesse Sequana, aux pouvoirs guérisseurs. Pendant plus de 400 ans, ils sont venus la prier et, lorsqu'ils étaient malades, ils lui offraient d'étranges petits cadeaux sculptés dans la pierre, le bois ou le métal : une jambe, une main, un organe, des yeux... Ils indiquaient ainsi à la déesse où se situait leur mal, afin qu'elle les soigne. Nombre de ces objets ont été retrouvés par les archéologues.

Représentation de la déesse Sequana, à la source de la Seine, en France

Khnoum

Le Nil et ses croyances

Dans la mythologie égyptienne, le dieu Khnoum, homme à tête de bélier, est le gardien des sources du Nil. Il les retient sous son pied, qu'il soulève une fois par an pour provoquer la crue. Dans l'Égypte ancienne, le Nil marque la frontière entre le monde des vivants, à l'est, et celui des morts, à l'ouest. Les âmes des défunts traversent le fleuve sur des barques funéraires qui les conduisent vers leur dernière demeure.

Les barques funéraires symbolisent le voyage vers l'au-delà.

Un lieu de pèlerinage

Pour les Hindous, le Gange est un fleuve sacré de l'Inde, jalonné de villes saintes où l'on vient en pèlerinage. Ainsi, chaque année, près d'un million de pèlerins se pressent à Bénarès, la principale ville sainte du pays. Des escaliers en pierre, les ghats, mènent au fleuve. S'y baigner permet de se laver de ses péchés. Les cendres des morts y sont dispersées pour que ces derniers échappent au cycle des réincarnations et accèdent directement au paradis.

Une femme offrant des bougies au fleuve Gange

Ganga

Le Jourdain, un lieu sacré du christianisme

Chaque année, des pèlerins chrétiens venus du monde entier viennent se faire baptiser dans ce fleuve du Moyen-Orient, qui a donné son nom à la Jordanie. C'est en effet dans le Jourdain que Jésus fut baptisé par Jean-Baptiste, à l'âge de 30 ans environ. Lorsqu'il sortit de l'eau, le ciel s'ouvrit et une colombe apparut. La voix de Dieu se fit alors entendre et dit à Jésus : « Tu es mon fils bien-aimé. »

L'origine du Gange

Dans la mythologie hindoue, le Gange ne coulait que dans le ciel. Le dieu Shiva en a accueilli les flots dans sa longue chevelure afin qu'il n'écrase pas la Terre. Le fleuve est représenté sous les traits d'une femme au teint clair, la déesse Ganga, assise sur un crocodile.

Shiva

LES EXPLORATEURS DES FLEUVES

Dès l'aube de l'humanité, les hommes ont cherché à élargir leur horizon, en quête de nourriture et de nouvelles terres. Avec le temps, ils ont voyagé toujours plus loin pour établir de nouvelles colonies, parfaire leur connaissance du monde, s'enrichir. Ils se sont lancés sur les mers puis, en empruntant le cours des fleuves et des rivières, se sont enfoncés au cœur des continents, lors d'incroyables périples. Certains fleuves ou sites spectaculaires ont été découverts grâce à ces explorations.

Jacques Cartier au Canada

En 1534, le roi de France François Ier envoie le navigateur et explorateur breton Jacques Cartier découvrir le Nouveau Monde, en Amérique du Nord. Il lui demande de trouver un passage navigable vers l'Asie. Croyant l'avoir trouvé, Cartier s'engage, en 1535, dans l'immense estuaire du fleuve Saint-Laurent, principale voie de pénétration du Canada. Il laisse ses deux plus gros bateaux dans le village de Stadacona, à l'entrée de l'estuaire, et remonte le cours du fleuve avec un navire et deux chaloupes jusqu'à Hochelaga, un village huron : c'est là qu'il fonde Montréal.

Les Vikings

Venus du nord de l'Europe, les Vikings sont un peuple de navigateurs. En quête de nouvelles terres, ils lancent leurs bateaux vers l'Europe de l'Ouest, lors de terribles raids, puis vers l'est, pour commercer. Ne reculant devant rien, ils remontent le cours des fleuves et des rivières. En 841, ils empruntent la Seine et attaquent Rouen, en France. Ils finissent par s'installer dans la région, qui prend le nom de Normandie : le pays des hommes du Nord.

Lors de son voyage sur le fleuve Saint-Laurent, Jacques Cartier et ses compagnons affrontent des courants puissants. En s'enfonçant dans les terres, ils rencontrent des tribus amérindiennes avec lesquelles ils établissent des relations cordiales.

À la recherche de l'Eldorado

Le premier Européen à descendre le cours du fleuve Amazone à la recherche de l'Eldorado, une contrée mythique regorgeant d'or, est l'explorateur espagnol Francisco de Orellana, en 1542. Orellana baptise le fleuve « Amazone », après avoir été attaqué par de farouches guerrières, armées d'arcs et de flèches, qui lui évoquent les amazones de la mythologie grecque. Il est possible qu'il se soit agi en fait d'Indiens aux cheveux longs. Orellana ne trouva pas l'Eldorado, mais il est considéré depuis comme le découvreur de l'Amazone.

Francisco de Orellana et ses compagnons atteignent l'embouchure du fleuve Amazone après neuf longs mois d'un voyage épuisant et périlleux durant lequel ils connaissent la faim, la maladie, la mort et de nombreux combats avec les Indiens.

David Livingstone

Ce missionnaire britannique est l'un des plus grands explorateurs du continent africain, qu'il sillonne entre 1849 et 1873. En descendant le fleuve Zambèze, il découvre des chutes d'eau extraordinaires de 104 m de hauteur, qu'il baptise « chutes Victoria » en l'honneur de la reine d'Angleterre.

Comme d'autres explorateurs avant lui, il veut découvrir les sources du Nil. En vain ! Aujourd'hui, les géographes localisent la source la plus lointaine dans les collines du Burundi, en Afrique centrale.

Voyager sur les grands fleuves d'Afrique n'est pas de tout repos. Sur cette lithographie, la pirogue de Livingstone est renversée par un hippopotame.

PETITES HISTOIRES AU FIL DES FLEUVES

Des ponts habités

Au Moyen Âge, les villes d'Europe, entourées de remparts, ne pouvaient plus abriter la population grandissante. Aussi construisit-on des maisons et des boutiques sur les ponts qui enjambaient les fleuves. Et, plus tard, des immeubles de quatre ou cinq étages ! Non sans risque : de très nombreux ponts s'effondrèrent sous le poids des habitations ou furent emportés par les crues.

À Paris, tous les célèbres ponts de la Seine étaient habités. Ici, le pont Notre-Dame.

La Loire : la vallée des rois

Avec ses 1 020 km, la Loire est le plus long fleuve de France. Pendant la guerre de Cent Ans, le futur roi Charles VII fuit Paris, chassé par les Bourguignons, alliés des Anglais, et se réfugie à Bourges, dans un premier temps, puis au château de Chinon, dans le Val de Loire, qui devient sa résidence principale. Attirés par la douceur du climat et le charme de la région, les rois qui lui succèdent et les membres de leur cour y font construire de magnifiques châteaux ou transforment les forteresses existantes. Ces chefs-d'œuvre d'architecture, parmi lesquels les célèbres châteaux d'Amboise (ci-dessous), de Blois, de Chenonceau, ou encore de Chambord, attirent chaque année des visiteurs du monde entier.

Le roi François Ier (1494-1547) passa son enfance au château d'Amboise. À partir de 1519, il fit bâtir l'impressionnant château de Chambord, qui compte pas moins de 440 pièces !

L'âge d'or des bateaux à vapeur

Au cœur du XIXe siècle, en pleine conquête de l'Ouest américain, alors que le train ne s'était pas encore imposé à travers le continent, des centaines de steamboats, bateaux à vapeur munis de roues à aubes, sillonnaient le Mississippi et ses affluents. À la fois cargos et paquebots, ils acheminaient les marchandises et transportaient les passagers. Certains devinrent de véritables palaces flottants aux immenses salons décorés de miroirs et aux ponts éclairés de lampes multicolores. On dansait et on jouait à bord. Des spectacles y étaient organisés.

Au début du XXe siècle, beaucoup de bateaux à vapeur étaient encore en service, mais le développement des lignes de chemin de fer mit bientôt un terme à leur activité.

La Lorelei

En Allemagne, le rocher de la Lorelei culmine à 132 m au-dessus du Rhin. À cet endroit, le fleuve se resserre et la navigation a longtemps été dangereuse. Une légende raconte que du haut de ce rocher la Lorelei, une jeune femme aux longs cheveux d'or, envoûtait les navigateurs par son chant magique. Leurs bateaux se brisaient alors contre les écueils et sombraient dans le fleuve.

Le long du beau Danube bleu

Le Danube parcourt 2 850 km, de la Forêt-Noire, en Allemagne, à la Roumanie, où il se jette dans la mer Noire par un splendide delta à trois branches. Connu dès l'Antiquité comme frontière nord de l'Empire romain, voie naturelle vers l'Orient, il longe ou traverse pas moins de neuf pays ! Le compositeur et musicien autrichien Johann Strauss a célébré le fleuve majestueux dans une valse mondialement connue : le *Beau Danube bleu*.

Budapest, sur le Danube

TABLE DES MATIÈRES

QU'EST-CE QU'UN FLEUVE ? **6**

DES FLEUVES TOUT-PUISSANTS **8**

AU SERVICE DES HOMMES **10**

LA VIE SUR LE FLEUVE **16**

LA FAUNE **18**

BERCEAUX DES CIVILISATIONS **20**

FLEUVES SACRÉS **22**

LES EXPLORATEURS DES FLEUVES **24**

PETITES HISTOIRES AU FIL
DES FLEUVES **26**

MDS : 283767N1
ISBN : 978-2-215-11664-6
© FLEURUS ÉDITIONS, 2013
Dépôt légal à la date de parution.
Conforme à la loi n° 49-956 du 16 juillet 1949
sur les publications destinées à la jeunesse.
Imprimé en Italie (06-14)

Ablutions dans le Gange,
Inde

Rafting

Bateau-Mouche sur
la Seine, France

Fleuve Jaune, Chine

Grand Canyon, Colorado,
États-Unis

Marché flottant à Bangkok,
Thaïlande